LES
OMBRES.

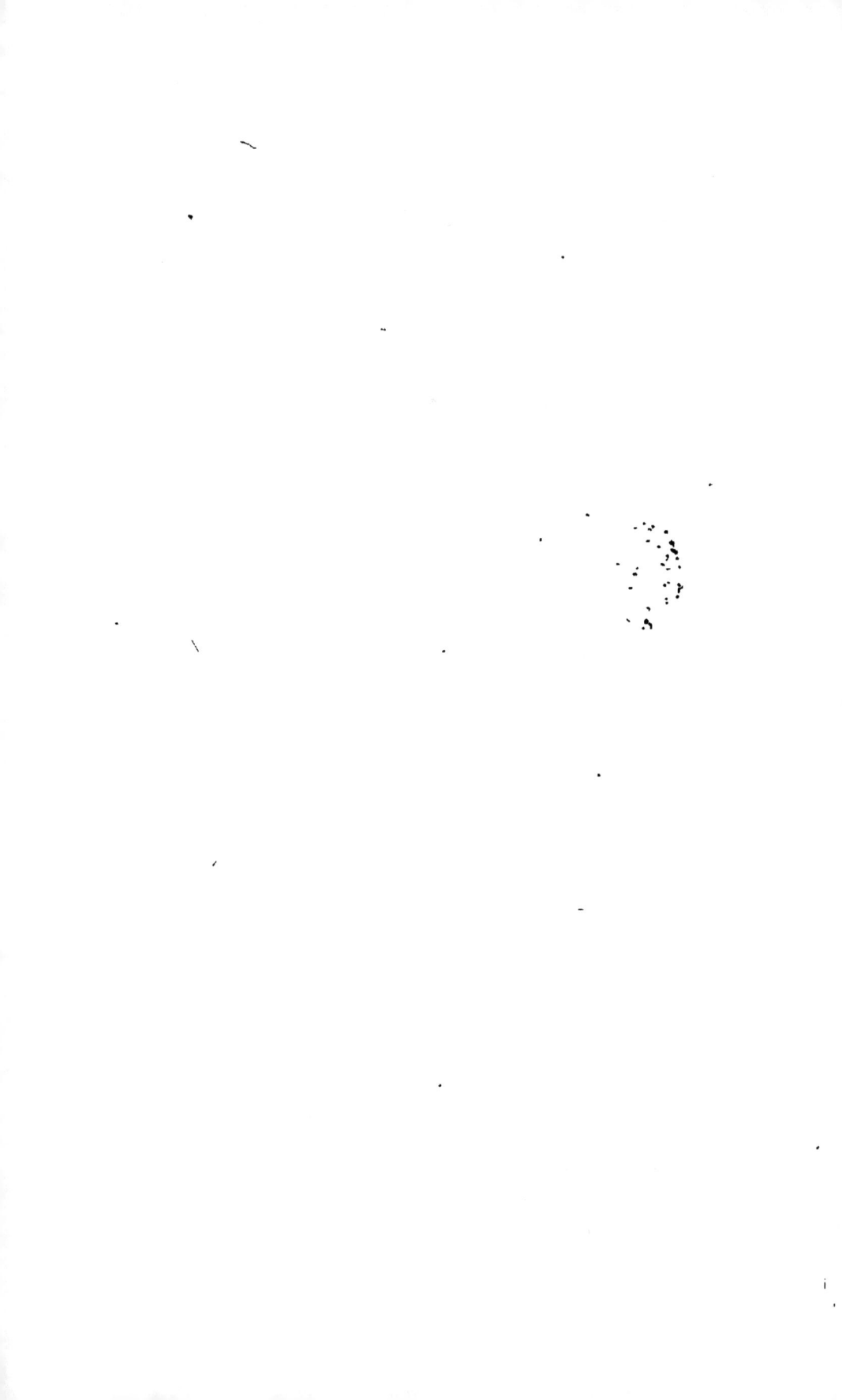

LES OMBRES,

SUITE

DE LA CHARTREUSE.

EPITRE A M. D. D. N.

PAR L'AUTEUR DE VER-VERT.

Du 21 Decembre 1734.

Deuxiéme édition, revûë & corrigée fur le manufcrit de l'Auteur.

A ROTTERDAM.

M. DCC. XXXVI.

LES OMBRES,

EPITRE

A M. D. D. N.

Paris, 21 *Decembre* 1734.

DEs régions de Sylphirie,
De ce féjour aërien
Dont ma douce philofophie
Sçait bannir la mélancolie
En rimànt quelqu'aimable rien,
SALUT, fanté toujours fleurie,
Solitude & libre entretien
A la Répuplique chérie
Dont une tendre rêverie
M'a déja rendu citoyen.
Dans votre Epître ingénieufe
Vous prétendez que le pinceau
Qui vous a tracé la CHARTREUSE,
N'en a pas fini le tableau,
Et vous m'engagez à décrire
D'un crayon leger & badin

A 3   La

La carte du Claffique empire
Et les mœurs du peuple Latin :
A la gayeté de nos maximes
Pour ajufter ce grave objet
Et ne point porter dans mes rimes
La féchereffe du fujet,
Ecartons la Mufe empefée
Qui fe guindant fur de grands mots,
Préfide à la profe toifée
Des Poëtes collégiaux.
Je vous ai dépeint l'Elifée
Dans le plaifir pur & parfait
De mon hermitage fecret.
Par un contrafte affez bizarre,
Dans ce nouvel amufement,
Je vais vous chanter le Tenare,
Non fur un ton trifte & pefant;
Ennemi des Mufes plaintives,
Jufques fur les fatales rives
Je veux rimer en badinant.

Un peuple de jeunes efclaves
Dans un filence rigoureux,
Des pleurs, des prifons, des entraves,
Un féjour vafte & ténébreux,
Des cœurs dévoués à la plainte,

Des

Des jours filés par les ennuis,
N'eſt-ce point la fidelle empreinte
Du triſte Royaume des nuits ?
N'en doutez point : ce que la Fable
Nous a chanté des ſombres bords,
Cette peinture redoutable
Du profond empire des morts;
C'étoit l'image prophétique
Des manoirs que j'offre à vos yeux;
Et l'hiſtoire trop véridique
De leurs habitans malheureux.
Avec l'Erebe & ſon cortége,
Confrontez ces antres divers,
Et, dans le portrait d'un Collége,
Vous reconnoîtrez les Enfers :
Tel étoit le vrai parallele
Que dans cette derniere nuit
Un ſonge offroit à mon eſprit,
Aminte, je me le rappelle;
Dans ce délire réfléchi,
Je croyois vous conduire ici;
Et ſi ma memoire eſt fidelle,
Je vous entretenois ainſi.

Venez, de la doſte pouſſiere
Oſez franchir les tourbillons,
Perçons l'infernale carriere

Des

Des Scolaſtiques régions :
Là, comme aux ſources du Cocyte,
On ne connoît plus les beaux jours ;
Sur cette demeure preſcrite
La nuit ſemble regner toujours :
Là, de la charmante nature
On ne trouve plus les beautés,
Les eaux, les fleurs, ni la verdure
N'ornent point ces lieux déteſtés ;
Les ſeuls oiſeaux d'affreux augure
Y forment des ſons redoutés.
Dès l'abord de ce gouffre horrible
Tout nous retrace l'Acheron ;
Voyez ce portier inflexible,
Qui, payé pour être terrible,
Et muni d'un cœur de Huron,
Réünit dans ſon caractere
La triple rigueur de Cerbere
Et l'ame avare de Caron ;
Ainſi que les ombres legeres
Qui pour leurs demeures premieres
Formoient des regrets & des vœux,
Les jeunes captifs de ces lieux
Voltigent auprès des barrieres,
Sans pouvoir échaper aux yeux
De ce ſatellite odieux.

Entrons

Entrons fous ces voûtes antiques
Et fous les lugubres portiques
De ces tribunaux renommés ;
Au lieu de ces voiles funebres,
Qui de l'empire des tenebres
Tapiffoient les murs enfumés,
D'une longue fuite de théfes,
Contemplez les vils monumens
Archives de doctes fadaifes,
Supplice éternel du bon fens.
A la place des Tifiphones,
Des Sphinx, des Larves, des Gorgones,
Qui du Styx étoient les bourreaux,
J'apperçoi des tyrans nouveaux,
L'Hyperbole aux longues échaffes,
La Catachrefe aux doubles faces,
Les Logogriphes effraïans,
L'impitoïable Syllogifme,
Que fuit le ténébreux Sophifme,
Avec les ennuis dévorans.
Quelle inexorable Mégere
Ici raffemble, avant le tems,
Ces Manes jeunes & tremblans,
Et ravis au fein de leur mere !
Sur leurs déplorables deftins,
Dans des lieux-voüés au filence,

Voyez

Voyez de pâles Souverains
Exercer leur trifte puiffance :
Un Sceptre noir arme leurs mains.
Ainfi, Radamante aux traits fombres,
Balançant l'urne de la Mort,
Sur le peuple muet des ombres
Prononçoit les arrêts du fort.
Mais, quelles allarmes foudaines!
D'où partent ces longues clameurs?
Pourquoi ces prifons & ces chaînes?
Sur qui tombent ces foüets vengeurs?
Tel étoit l'appareil barbare
Des tortures du Phlegeton,
Tels étoient les cris du Tartare,
Sous la fourche du vieux Pluton.
Près de ces cavernes fatales,
Quels font ces brûlans foupiraux!
Que vois-je! quels nouveaux Tantales
Maudiffent ces perfides eaux!

De ce parallele grotefque,
Moitié vrai, moitié romanefque,
Aminte, pour vous égayer,
J'aurois rempli le cadre entier,
Si, dans cet endroit de mon fonge,
Un cruel ofant m'éveiller,
N'eût diffipé ce doux menfonge

Et le prestige officieux,
Qui vous presentoit à mes yeux ;
Ce hideux bourreau, moins un homme
Qu'un patibulaire fantôme,
Tels qu'on les peint en noirs lambeaux,
Et dans l'horreur du Crépuscule,
Tenant leur Conciliabule,
Parmi la cendre des tombeaux ;
Ce spectre, dis-je, au front sinistre,
Du tumulte bruyant ministre,
Affublé de l'accoûtrement
D'un précurseur d'enterrement,
Bien avant l'aube matinale,
Chaque jour, troublant mon réduit
Armé d'une lampe infernale
M'offre un jour plus noir que la nuit,
Et d'une bouche sepulchrale,
M'annonce que l'heure fatale
Ramene le démon du bruit :
Par cet Arrêt impitoyable,
Arraché du sein délectable
Et des songes & du repos,
L'œil encor chargé de pavots,
Aux cieux je cherche envain l'aurore ;
Un voile épais couvre les airs,
Et Phœbus n'est point prêt encore

A

A quitter les Nymphes des mers.

Aftre qui réglas ma naiffance,
Pourquoi ta fuprême puiffance,
En formant mes goûts & mon cœur,
Y verfa-t'elle tant d'horreur
Pour la monachale indolence?
Plus refpecté dans mon fommeil,
Exempt des craintes du réveil,
J'euffe les deux tiers de ma vie,
Dormi fans trouble, fans envie,
Dans un dortoir de Victorin,
Ou fur la couche rebondie
D'un Procureur Genovéfain;
Il eft vrai qu'un peu d'ignorance
Eût fuivi ce deftin flateur,
Qu'importe? Le nom de Docteur
N'eût jamais tenté ma prudence;
Jamais d'un fommeil enchanteur
Il n'eût violé la conftance:
Une éternité de fcience
Vaut-elle une nuit de bonheur ?

Par votre miffive charmante
Vous me chargez de vous donner
Quelque nouvelle intéreffante,
Ou quelqu'anecdote amufante:
Mais que puis-je vous grifonner?

Des

Les politiques rêveries
Des vieux châpiers des Thuilleries
Intéreffent fort peu mes foins,
Vous amuferoient encor moins ;
Et d'ailleurs, felon le génie
De notre aimable colonie,
Je ne dois point perdre d'inftans
Ni prendre une peine futile
A differter en grave ftile
Sur les bagatelles du tems :
Qu'on faffe la paix ou la guerre ;
Que tout foit changé fur la terre,
Nos citoyens l'ignoreront :
Exempts de foucis inutiles,
Dans cet univers ils vivront
Comme des paffagers tranquiles,
Qui dans la chambre d'un vaiffeau
Oubliant la terre, l'orage
Et le refte de l'équipage,
Tâchent d'égayer le voyage
Dans un plaifir toûjours nouveau ;
Sans fçavoir comme va la flotte
Qui vogue avec eux fur les eaux,
Ils laiffent la crainte au pilote
Et la manœuvre aux matelots.
　　A tout le petit confiftoire

Où

Où ne font échos imprudens
Rendez cette lettre notoire,
Aimable Aminte, j'y confens :
Mais fauvez-la des jugemens
De cette prude à l'humeur noire,
Au froid caquet aux yeux bigots,
Et de medifante memoire,
Qui, colportant ces vers nouveaux,
Sur le champ, iroit, fans repos,
Dreffant la crête & battant l'aîle,
Glapir quelqu'allarme nouvelle
Dans tous les poulailliers dévots,
Ou qui, pour parler fans emblême,
Dans quelque parloir médifant,
Iroit afficher l'anatême
Contre un badinage innocent,
Et le noircir, avec fcandale,
De ce fiel miftique & couvert
Que vient de verfer fa cabale
Sur l'hiftoire de DOM VER-VERT,
Faite en cette critique année
Où le Perroquet revérend
Alla jafer publiquement,
Entraîné par fa deftinée,
Et ravi, je ne fçai comment,
Au fecret de fon maître abfent.

                                    Selon

Selon la gazette neuſtrique,
Cet amuſement poëtique
Surpris, intercepté, tranſcrit,
Sur je ne ſçai quel manuſcrit,
Par un preſtolet famélique
Se vend, à l'inſçu de l'auteur,
Par ce petit collet profane,
Et déjà vaut une ſoutane
Et deux caſtors à l'éditeur.
Si ma main n'étoit pas trop laſſe,
Ce ſeroit bien ici la place,
D'ajoûter un tome nouveau
Aux mémoires du ſaint Oiſeau;
De narrer comme quoi la piéce
Portée au ſortir de la preſſe,
Au parlement Viſitandin,
Cauſa dans leurs ſaintes brigades,
Une ligue, des barricades,
Et ſonna par-tout le tocſin ;
Comme quoi les meres notables,
L'Etat major, les Vénérables
Vouloient, dans leur premier accès,
Sans autre forme de procès,
Brûler ces vers abominables,
Comme erronés, comme exécrables,
Janſéniſtes, impardonnables,

Et

Et notoirement impofteurs ;
Mais comme quoi des jeunes fœurs
La jurifprudence plus tendre ,
A jufqu'ici paré les coups ,
Ravi VER-VERT à ce courroux ,
Et fauvé l'honneur de fa cendre.
Suivant le lardon médifant ,
Les jeunes fœurs , d'un œil content ,
Ont vû draper les graves meres ,
Les reverendes douairiéres ,
Et la grand'chambre du convent.
Une Nonne fempiternelle
Prétend prouver à tout fidéle ,
Que jamais VER-VERT n'exifta ,
Vû , dit-elle , qu'on ne pourra
Trouver la lettre circulaire
Du perroquet miffionnaire
Parmi celles de ce tems-là.
Je croi que la remarque habile
De la cloîtriére fybille ,
N'en déplaife à fa charité ,
Sera de peu d'utilité ;
Car dès que VER-VERT eft cité
Dans les archives du Parnaffe ,
Quel incrédule auroit l'audace
D'en foupçonner la vérité ?

Toutefois

Toutefois ce procès myſtique,
Au carnaval ſe jugera ;
Dans un chapitre œcumenique
L'Oiſeau défendeur paroîtra ;
La vieille mere Bibiane,
Contre lui doit plaider long-tems,
Et , dans le fort des argumens
Que hurlera ſon rauque organe,
Perdra ſes deux derniéres dents.
Mais la jeune ſœur Pulcherie,
Qui pour V ER-V ERT perorera,
Si dans ce jour, comme on publie,
Les directeurs opinent là,
Très-ſûrement l'emportera
Sur l'octogenaire Harpie.
— A plaider contre le printems
L'hyver doit perdre avec dépens.
    Adieu, voilà trop de folies.
Trop pareſſeux pour abreger,
Trop occupé pour corriger,
Je vous livre mes rêveries,
Que quelques vérités hardies
Viennent librement mélanger ;
J'abandonne l'exactitude
Aux gens qui riment par métier :
D'autres font des vers par étude,

B   J'en

J'en fais pour me défennuyer ;
Ainfi, vous ne devez me lire,
Qu'avec les yeux de l'amitié,
J'aurois encor beaucoup à dire ;
L'efprit n'eft jamais las d'écrire,
Lorfque le cœur eft de moitié.

FIN.

www.ingramcontent.com/pod-product-compliance
Lightning Source LLC
Chambersburg PA
CBHW061810040426
42447CB00011B/2584